Alessio **CIOCIA**

Matteo **CIOCIOLA**

Rocco Massimo **CONTILLO**

Giuseppe **GUIDA**

Luigi **IANNELLI**

Cinzia **LECCE**

Maria Costanza **LIBERGOLI**

Valentina **MERRA**

Alessandra **NUZZI**

Michele **PARADISO**

Daniela **PASCARELLI**

Arianna **PETRILLO**

Alessandro **SARROCCO**

coodrinamento: Prof. Antonio Nasuto
Prof. Rosalba Valleri

17·20 OTTOBRE 2013

L'IMMAGINE DELLA FANTASIA

**MOSTRA DI ILLUSTRAZIONE PER RAGAZZI
DEGLI ALLIEVI DELL'ACCADEMIA DI BELLE ARTI DI FOGGIA**

spazio espositivo
FONDAZIONE BANCA DEL MONTE · Via Arpi, 152 · FOGGIA

FONDAZIONE BANCA del MONTE
FOGGIA

ACCADEMIA DI BELLE ARTI DI FOGGIA

DISTRIBUZIONE Lulu.com
ISBN 978-1-291-58366-3
© 2014 di Antonio Nasuto

PROGETTO GRAFICO E IMPAGINAZIONE Pietro Lionetti, Rossella Massa, Antonia Potito, Francesca Rotordam

EVENTO Buck · 3° Festival della Letteratura per ragazzi di Foggia · 13-20 ottobre 2013
MOSTRA Mostra di illustrazione per ragazzi · 17-20 ottobre 2013
spazio espositivo · FONDAZIONE BANCA DEL MONTE · Via Arpi, 152 · FOGGIA

COORDINAMENTO ARTISTICO Antonio Nasuto · Rosalba Valleri
ALLESTIMENTO Vincenzo Gagliardi

in COPERTINA "La Rocca Petrosa" di Valentina Merra

L'immagine della fantasia

di Antonio Nasuto

Preparare questa mostra, oltre che gratificarmi, mi ha divertito. Osservare le raffigurazioni grafiche degli allievi mi ha riportato indietro nel tempo quando, con gli occhi curiosi di bambino, osservavo affascinato immagini e colori che mi trasportavano in un mondo fantastico. Più che la storia ricordo immagini di pirati con enormi baffi, navi gigantesche con le vele spiegate e il colore azzurro del mare. Che stessi leggendo Il corsaro nero di Salgari per me era poco importante, la storia poteva solo far parlare quei disegni, animarli di vita ma l'occhio si fermava sempre sulle figure e sono quelle che, a distanza di anni, riemergono nitide nella memoria. Questo mi riporta l'attenzione sull'importanza che l'illustrazione riveste nell'immaginario di bambino e ancora oggi mi accorgo che, in modo forse meno emozionale, le illustrazioni affiancano ancora la mia lettura.

Pochi lo sanno, ma dietro queste immagini c'è un mondo, fatto di artisti e artigiani e di stili diversissimi tra loro, con tradizioni che affondano le radici nel passato. I tredici allievi dell'Accademia di Belle Arti di Foggia che hanno partecipato alla mostra di illustrazione per ragazzi si sono confrontati con questi temi, alcuni hanno illustrato racconti famosi altri sono partiti da racconti scritti da loro per illustrarne i contenuti. I risultati sono molto diversi tra di loro e rappresentano uno spaccato del panorama attuale dell'illustrazione.

L'illustrazione è un'immagine realizzata da un autore, per esempio su incarico di un editore, per essere riprodotta a stampa in tante copie, con l'obiettivo di chiarire meglio e quindi illustrare il significato di un testo, oppure di decorarlo.

Su carta stampata oggi si vedono disegni, fotografie più o meno trattate, personaggi rubati ai cartoni animati che si affollano in un mare di stili diversi.

Troviamo così immagini che fanno riferimento alle proposte coloratissime e compatte della pop art degli anni Cinquanta e Sessanta del 20° secolo e altre che riprendono il segno volutamente sporco e 'brutto' dell'espressionismo, della pittura astratta informale e della grafica cosiddetta underground, nata con le rivolte studentesche del Sessantotto. Troviamo ancora illustrazioni che riutilizzano le tecniche di collage inventate dai cubisti all'inizio del Novecento, e poi figure che mettono insieme lo stile ottimista dei disegnatori americani degli anni Quaranta con l'eleganza dell'art déco; altre che ripropongono i giochi divertenti della pittura surrealista, per proseguire con quelle che nascono sul computer, o con quelle che hanno il tratto di Disney o dei Manga giapponesi. Come siamo arrivati a questa enorme varietà di proposte visive?

Occorre ritornare indietro nel tempo, nella prima metà dell'Ottocento, quando, grazie all'invenzione della litografia, disegni e vignette dilagano sulle pagine delle prime riviste illustrate. L'illustrazione, però, assume le sue forme mature solo tra la fine dell'Ottocento e l'inizio del Novecento, con una diffusione che si allarga dai prodotti per ragazzi ai periodici per gli adulti, con un forte riscontro nei manifesti pubblicitari e nelle copertine di libri e riviste.

I primi esempi d'illustrazione per ragazzi in Italia ci vengono dagli illustratori dei romanzi di Emilio Salgari e da quelli di Pinocchio, che ancora oggi rimane il libro più tradotto nel mondo dopo la Bibbia.

Intanto le illustrazioni per le riviste trovano il loro massimo splendore in Austria, in Francia e negli Stati Uniti, con autori conosciuti in tutto il mondo come Kolo Moser, Eugène Grasset, Louis John Rhead o Will Bradley. In Inghilterra vanno di moda le eleganti figure liberty di Aubrey Beardsley, in Italia un nutrito gruppo di disegnatori quali Marcello Dudovich, Leopoldo Metlicovitz e Leonetto Cappiello lavora con le Officine Ricordi dividendosi fra manifesti, pubblicità, riviste ricercate (tra le quali La lettura o Emporium) e illustrazioni per l'infanzia. Di queste restano memorabili le immagini inventate da artisti quali Antonio Rubino, Enrico Sacchetti o Mario Pompei per editori come Salani o Bemporad o per periodici come Il giornalino della domenica.

Nello sviluppo storico dell'illustrazione un capitolo a sé è costituito dalle immagini di taglio realistico o monumentalistico che si ritrovano non solo a servizio di tutte le dittature del Novecento (da quella di Mussolini a quella di Saddam Husain) ma anche al servizio delle democrazie nei periodi più bui delle due guerre mondiali. Immagini che hanno tappezzato i muri delle città e i libri degli studenti durante i conflitti, come propaganda che vuole sempre la crudezza del realismo e la retorica del monumentalismo per mostrare l'eroicità dei propri figli e la crudeltà degli odiati nemici.

Per tutta la prima metà del Novecento le illustrazioni riguardano in prevalenza la letteratura per ragazzi e seguono gli stili di moda, in particolare l'art déco.

Con la fine della Seconda guerra mondiale l'illustrazione dilaga su tutti i supporti cartacei, grazie alla diffusione della stampa in quadricromia e alla maggiore attenzione del pubblico per tutto ciò che concerne l'arte e l'estetica.

Un'attenzione condivisa dai disegnatori, che per diversi decenni applicano fedelmente alla comunicazione visiva ciò che propongono le ricerche 'pure' degli artisti.

Oggi ritroviamo sulla stampa tutti quegli stili e quelle tecniche: dal pop all'underground, dall'espressionismo al digitale e se fino agli anni Settanta gli illustratori hanno applicato le ricerche fatte dagli artisti contemporanei, con gli anni Ottanta c'è stata un'interessante inversione di tendenza. Da allora sono gli artisti che espongono nelle gallerie d'arte immagini e idee tratte da ciò che elaborano i disegnatori di copertine di dischi rock, i designer o i graffitisti delle aree metropolitane: come se nel passaggio del secolo la ricerca sull'immagine non volesse più essere confinata nel mondo ristretto di galleristi, artisti e critici, ma volesse dilagare nella quotidianità di un'arte diffusa.

La parola "illustrazione", così come la intendiamo oggi, si diffonde poco prima della metà dell'Ottocento. Nascono così riviste che, per la prima volta, accanto al testo, inseriscono sistematicamente immagini per abbellire o interpretare i concetti, agevolate dalle nuove tecniche di stampa come la litografia. A Londra nel 1842 nasce Illustrated Londonnews, nel 1843 Illustrierte Zeitung in Germania e L'illustration a Parigi, nel 1847 Il mondo illustrato nel Piemonte dei Savoia.

La conoscenza dello sviluppo storico dell'illustrazione ci permette di cogliere nelle raffigurazioni grafiche odierne tutti i riferimenti al passato dandoci un approccio diverso alla lettura. Resta comunque immutato il fascino che le immagini e i colori sanno trasmettere dando vita al racconto che acquista così un potere superiore capace di coinvolgere sia il bambino sia l'adulto.

BARBABLÙ

Alessio CIOCIA

TAKEAWAYSOUNDS.IT
ALEART ILLUSTRAZIONI

MOBY DICK

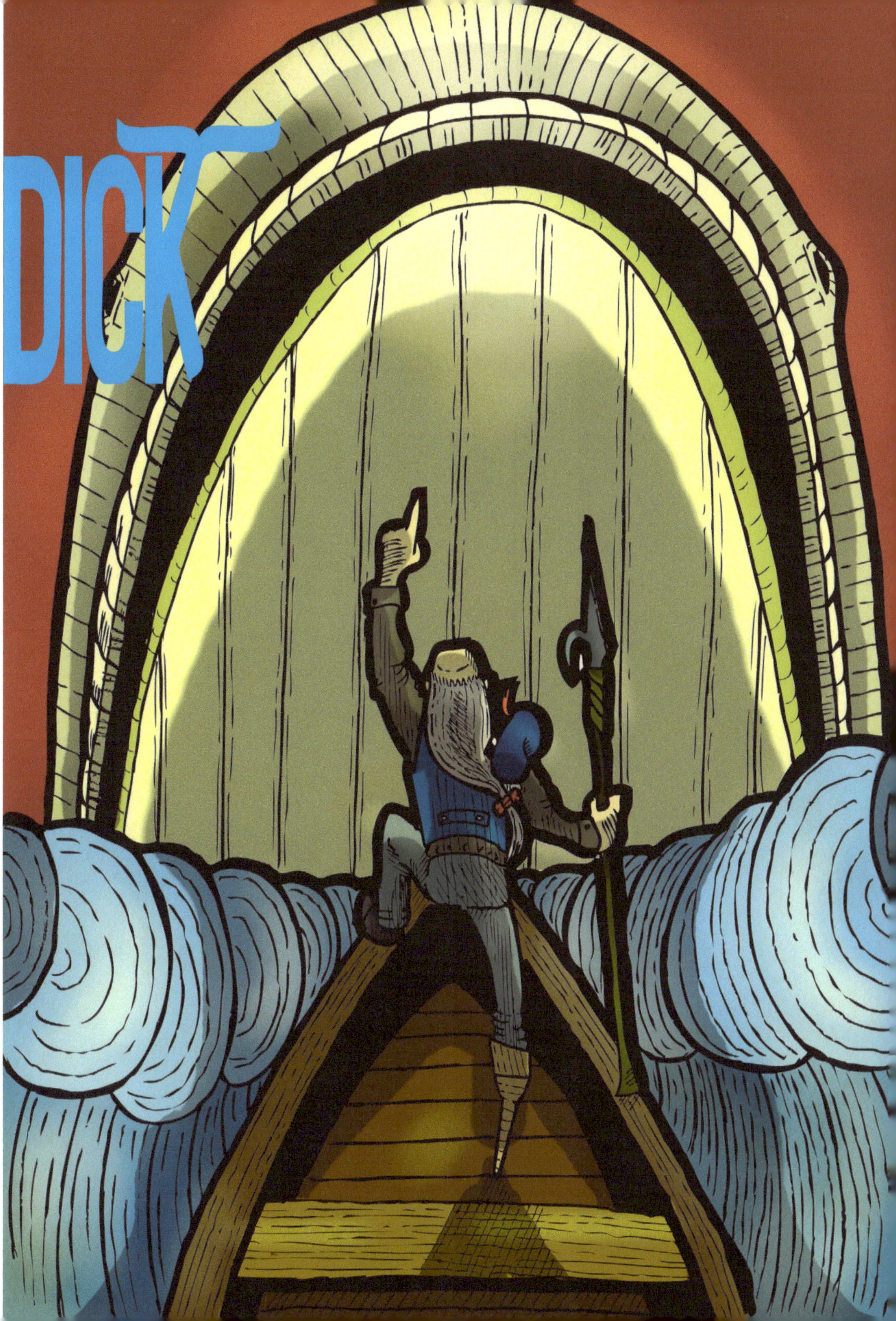

Mondo
Giorni

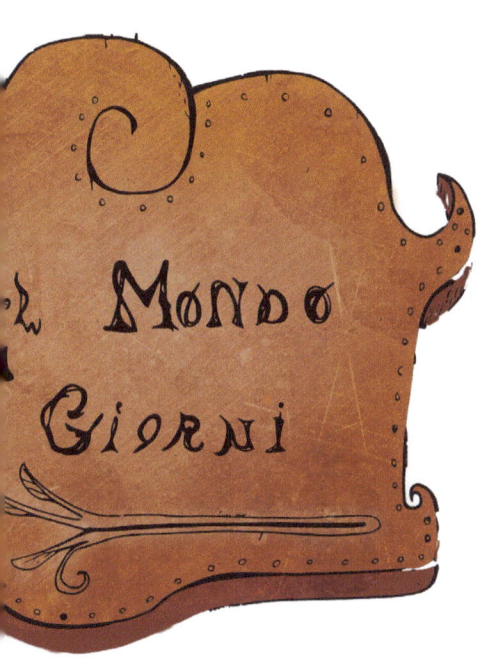

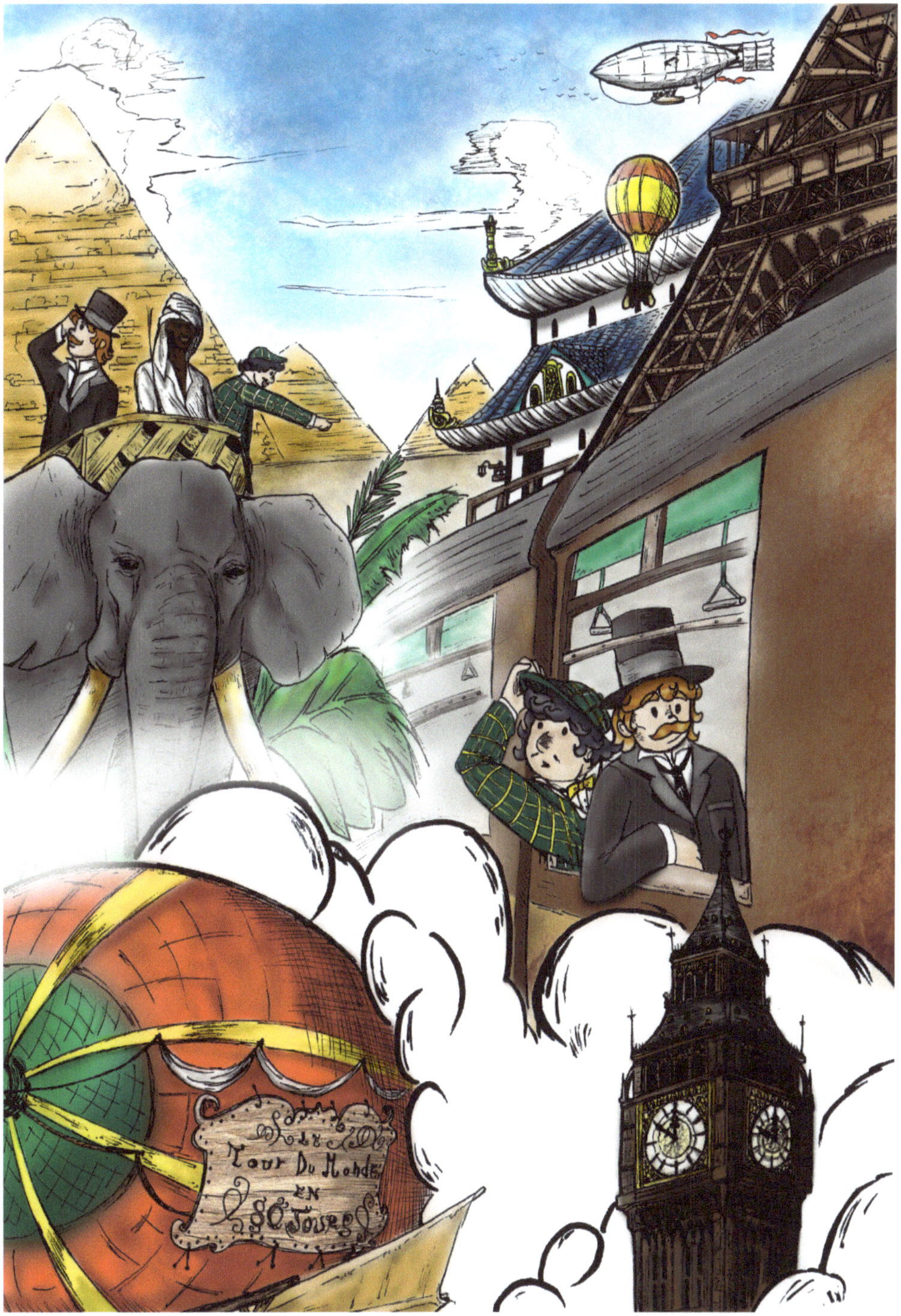
Le
Tour Du Monde
en
80 Jours

Luigi IANNELLI

"Quando vivevo in India,
ogni giorno mi arrampicavo sull'albero di mango
che cresceva dietro la mia casa,
e se i frutti erano rossi e maturi,
li mangiavo facendo schioccare forte la lingua....

....adesso, in Italia, se faccio rumore
con la bocca o mangio con le mani,
la mia maestra dice che mi comporto
come un maiale."

"E dice anche che quando piove devo aprire
l'ombrello....

....ma io, in India,
quando soffiavano i monsoni,
correvo a piedi nudi sotto la pioggia
e giocavo con le pozzanghere"

"Quando mi viene
nostalgia dell'India
guardo la luna....

....La luna che si vede
dall'India e dall'Italia
è sempre la stessa
mi dice la mia mamma."

"E se non c'era abbastanza legna
per accendere un fuoco, bruciavo la cacca
secca della mucca e mi scaldavo....

.... in Italia, i bambini dicono
che la cacca fa schifo....

....ma forse dicono così
perché non sanno che è un ottimo concime
per far crescere i pomodori e l'insalata dell'orto."

Sognando l'India

Daniela PASCARELLI
Giuseppe GUIDA

Intercultural Heroes 3.0

Cinzia LECCE

RIAND

Valentina MERRA

LA ROCCA PETROSA

Alessandra NUZZI

LA MERENDA DI NONNA ELGA

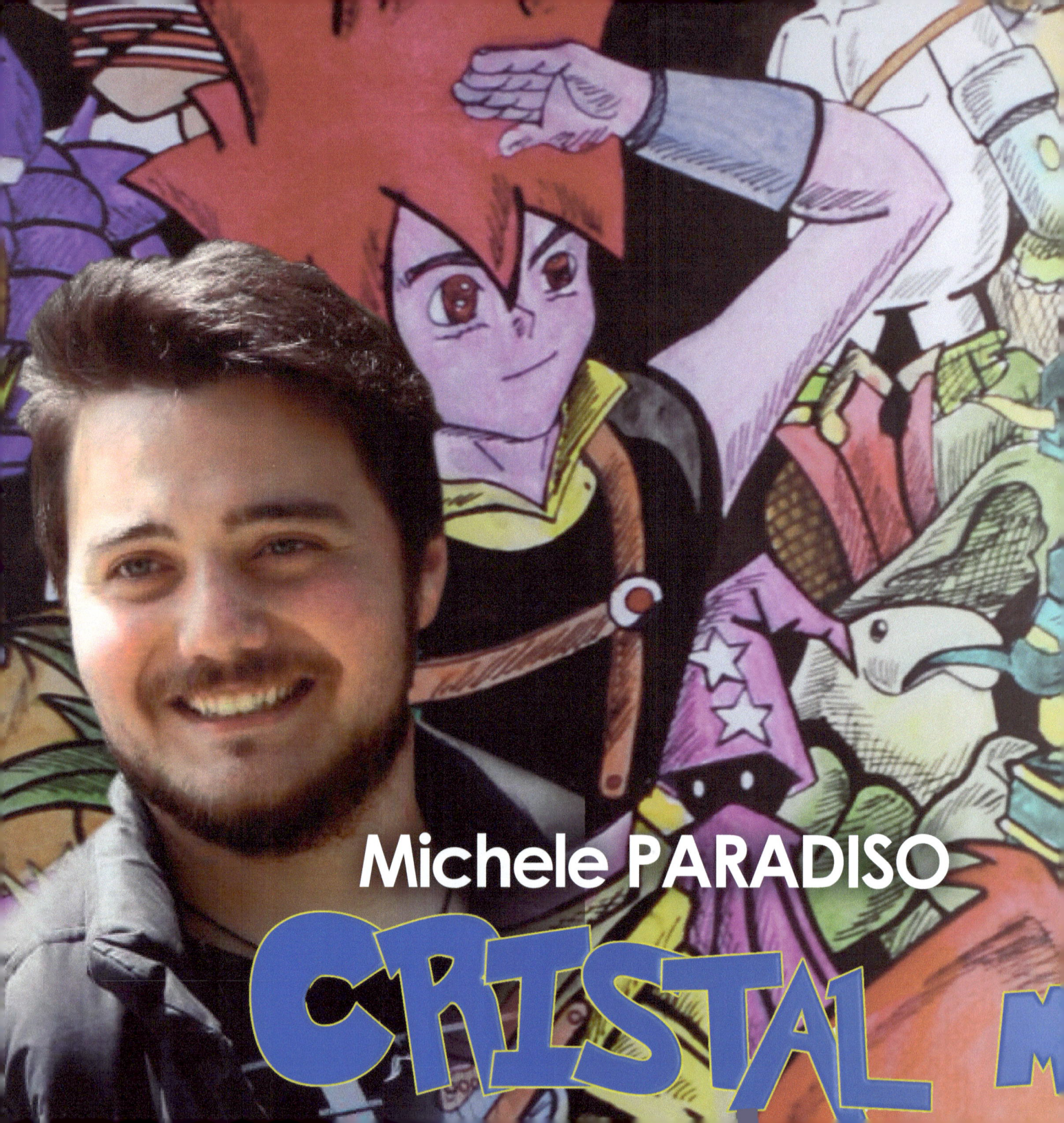

Michele PARADISO

CRISTAL M

Alice nel Paese delle Meraviglie

Arianna PETRILLO

Davanti alla casa c'era una tavola apparecchiata per il tè. Accanto ad essa stavano seduti la Lepre Marzolina e il Cappellaio...

Alice vide il Gatto accovacciato su un ramo. "Da quella parte" disse il Gatto, e fece cenno con la zampa destra "abita il Cappellaio. Dall'altra" e fece segno con la zampa sinistra "abita la Lepre Marzolina"...

Alice vide un grosso fungo, spiò oltre l'orlo e vide un grosso bruco azzurro che fumava tranquillo una lunga pipa...

Alice si trovò in una sala bassa e lunga con una piccola porticina, ma attraverso quell'uscio non riusciva a passare...

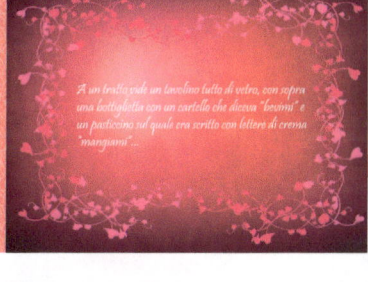

A un tratto vide un tavolino tutto di vetro, con sopra una bottiglietta con un cartello che diceva "bevimi" e un pasticcino sul quale era scritto con lettere di crema "mangiami"...

Il coniglio tirò fuori un orologio dal taschino del panciotto e affretò il passo ancora di più, Alice lo vide infilarsi in una grande tana...

cattiva Insonnia

Lulu.com
3101 Hillsborough Street
Raleigh, NC 27607
USA

Printed in 2014